AF253508

LA RESTITUTION DES BIENS

DES

PRINCES D'ORLÉANS

———

HISTOIRE D'UNE LÉGENDE

SAINT-BRIEUC

IMPRIMERIE-LIBRAIRIE, L. PRUD'HOMME

1883

HISTOIRE D'UNE LÉGENDE

Il n'y a pas de cela bien longtemps, l'un des grands, sinon le principal des moyens d'action du parti républicain sur les masses électorales, consistait à leur crier sur tous les tons que le retour de la Monarchie serait le signal du rétablissement de l'ancien régime, avec le drapeau blanc, la dîme, la corvée, et tout le cortège des droits féodaux les plus terribles comme les plus bizarres. Cela troublait pour de bon le sommeil des naïfs. Ils en avaient la chair de poule. Ils en venaient à voir, dans le royaliste le plus paisible, le plus bienfaisant et le plus modéré, un misérable prêt à mettre à mal eux, leurs femmes, leurs enfants et leurs biens.

Naguère encore, un préfet s'évertuait, avec peu de succès, il est vrai, à démontrer au Conseil général de son département, que la Monarchie mettrait infailliblement les paysans au même régime alimentaire que leurs chevaux et leurs bœufs !

Aujourd'hui, la mort de Monsieur le comte de Chambord a fait définitivement évanouïr jusqu'à l'ombre du moindre prétexte à ces fantastiques légendes, comparables aux bonshommes de paille que l'on place dans les champs ensemencés pour faire peur aux moineaux.

Tous ceux que n'aveuglent pas l'ignorance ou la passion savent parfaitement que Monsieur le Comte de Paris, le nouveau Chef de la Maison de France, ne rêve ni le retour d'un ancien régime à jamais disparu, ni celui d'une Monarchie absolue qui n'est plus de notre temps. Ils savent que ce Prince a vécu les jours de son exil chez un peuple assez heureux pour posséder des institutions libres et assez sage pour les pratiquer ; étudiant, avec le fonctionnement de ces institutions, les grandes questions politiques, économiques et sociales dont dépend l'avenir de la France, et, au premier rang, l'amélioration du sort des travailleurs de toute sorte. Ils savent qu'à défaut de pouvoir combattre dans les rangs de l'armée de sa Patrie, il a fait preuve, sur les champs de bataille du Nouveau Monde, de cette incomparable vaillance innée chez tous les fils issus du sang royal de France. Ils savent que, le jour où la France, enfin lasse et désabusée, voudra reprendre son rang dans le monde, en revenant à la forme de Gouvernement qui a fait, à travers les siècles, son unité nationale, sa prospérité, sa grandeur et sa force, la Monarchie saura s'adapter aux conditions d'existence de notre Société moderne, et rendre au pays, avec la stabilité résultant du principe héréditaire, un régime d'ordre, d'économie, de paix, de justice et de liberté.

Ils savent enfin que, tout en respectant le glorieux étendard de l'ancienne France, de la France d'Henri IV et de Louis XIV, Monsieur le Comte de Paris a pour drapeau celui de la France de nos jours, le drapeau tricolore, symbole national qui contient dans ses plis celui d'autrefois et dans lequel, selon l'expression du Père Lacordaire, est maintenant passée l'âme de trente-six millions d'hommes.

Aussi, fallait-il imaginer quelque chose de nouveau, pour écarter de cette monarchie réparatrice et vraiment nationale la foule des honnêtes gens, des conservateurs-libéraux qui vont se détachant visiblement de la République, à cause de la politique d'arbitraire, de violence, d'hypocrisie, de gaspillage et d'aventures inaugurée depuis ces dernières années.

Comptant d'ailleurs sur ce que, dans ce bon pays de France où paissent encore tant de moutons de Panurge, l'on est enclin à la crédulité ; sachant aussi qu'il est difficile, impossible même à beaucoup, de consulter des textes enfouis dans la volumineuse collection de nos lois et du *Journal officiel*, certains meneurs se sont dit qu'il devenait urgent de remplacer par une autre légende celle des droits féodaux irrévocablement usée.

Et, prenant les accents émus d'une indi-

gnation patriotique, ils se sont écriés avec un ensemble caractéristique d'un véritable mot d'ordre : « En 1871, alors que la
» France était ruinée par l'invasion prus-
» sienne et par la guerre civile, les princes
» d'Orléans se sont jetés sur elle comme
» des vampires et lui ont extorqué 40 mil-
» lions ! »

Voyons donc ce que vaut cette affirmation, présentée d'une façon si catégorique et si précise qu'elle semble exclure jusqu'à la possibilité d'une contradiction !

Pour peu qu'on se donne la peine d'y fixer le regard, avec des yeux non prévenus, l'on reconnaît bientôt qu'elle ressemble étonnamment aux bâtons flottants de la fable :

De loin c'est quelque chose, et de près ce n'est rien.

Oh ! pas n'est besoin pour la combattre et la réfuter de bâtir une contre-légende sur les nuages de la fantaisie ! Non, il suffit simplement de rappeler les faits *constatés par des documents authentiques* et PUBLICS de notre *histoire contemporaine*.

I.

La République établie en février 1848, après la chûte du roi Louis-Philippe, avait, à la suite de débats mémorables, formellement reconnu le droit de propriété des princes d'Orléans sur les biens privés qu'ils tenaient de leur père. (Lois des 25 octobre 1848 et 4 février 1850).

Tout à coup survint le coup d'État du 2 décembre 1851. Cédant à une fatale inspiration toute personnelle et dont ses amis les plus dévoués s'efforçaient vainement de le dissuader, le prince-président, Louis-Napoléon Bonaparte, peu de temps après Empereur sous le nom de Napoléon III, prononça, par un décret dictatorial du 22 janvier 1852, la confiscation de ces biens au profit de l'État.

Cet acte attentatoire à l'inviolabilité de la propriété privée produisit une sensation profonde. Accueilli par quelques-uns avec un étonnement douloureux, il fut énergiquement réprouvé par le plus grand nombre. Trois ministres, MM. *de Morny, Magne* et *Fould,* donnèrent aussitôt leur démission qui fut acceptée ; deux autres, les ministres de la guerre et de la marine, après avoir remis leurs portefeuilles au prince-président, les reprirent, mais à la condition de faire insérer dans le *Moniteur* une note communiquée d'où il résultait qu'ils ne restaient à leur poste que comme des militaires obéissant à l'ordre de leur chef.

Le lendemain, dix membres de la commission consultative, nommée quelques jours auparavant, avaient également donné leur démission. Bientôt après vint s'y joindre celle du représentant le plus éminent du droit parmi les magistrats chargés par le gouvernement lui-même de veiller au maintien et à la dignité de la loi, la démission de M. Dupin, procureur général à la cour de cassation. La voix éloquente de ces grands jurisconsultes, de ces grands parlementaires qui s'appelaient : Dufaure, Odilon Barrot, de Vatimesnil, Paillet et Berryer s'éleva dans une consultation et dans une plaidoirie restées célèbres pour conjurer la spoliation. Le tribunal de la Seine, saisi par les héritiers du roi Louis-Philippe d'une demande en réintégration dans la possession de leurs biens, affirma courageusement sa compétence. Vains efforts ! Le dictateur ferma l'accès des tribunaux ordinaires aux princes dépossédés. Il brisa toutes les résistances qu'il trouvait jusque dans le sein de son nouveau Conseil d'État lui-même ; et la spoliation fut consommée par l'incorporation des biens de la maison d'Orléans au domaine de l'État.

II.

Elle durait depuis dix-huit ans, quand l'Empire sombra dans la catastrophe nationale de 1870. Pendant ce long intervalle, des aliénations nombreuses (pour la moitié environ) avaient été effectuées au profit du Trésor public qui, en outre, n'avait pas cessé de toucher les revenus des biens confisqués.

L'Assemblée que M. Thiers appelait « la plus librement élue qui fut jamais » se vit saisie par l'initiative d'un de ses membres, M. de Mérode, d'une pétition tendant à faire, par une restitution, disparaître du budget national la tache qui le souillait depuis trop longtemps.

S'associant à cette proposition, le Gouvernement prit, dans la séance du 15 septembre 1871, l'engagement solennel de présenter un projet de loi portant abrogation du décret de confiscation de 1852 ; et, en effet, ce projet fut déposé par le ministre des finances, dans la séance du 8 décembre suivant. Il porte les signatures de MM. Thiers, Président de la République, *Dufaure, garde des sceaux et Pouyer-Quertier, ministre des finances.*

Ces hommes que le parti républicain, moins que tout autre, ne saurait suspecter de s'être, dans un pareil moment, faits les complices ou plutôt les promoteurs d'une dilapidation de la fortune de la France, comment s'expriment-ils pour motiver leur proposition ?

« Qu'il nous suffise de rappeler que ces
» décrets péchaient à la fois contre le droit
» commun et contre l'équité. Il vous appar-
» tient, Messieurs, il appartient à cette
» Assemblée qui considère comme un de
» ses premiers devoirs de rétablir l'ordre
» moral dans les esprits et, pour cela, de
» s'élever, partout où elle les rencontre,
» contre l'injustice et contre l'illégalité, *de*
» *proclamer que la France ne veut pas*
» *être solidaire de l'atteinte portée, dans*
» *la personne des princes d'Orléans, au*
» *droit fondamental de la propriété indi-*
» *viduelle.*

» Ce n'est pas devant les membres de
» cette Chambre, à laquelle nous croyons
» avoir déjà donné tant de preuves de
» notre sincérité, que nous prendrons le
» soin de déclarer que la proposition dont

» vous êtes saisis est étrangère à toute
» préoccupation politique : *Un gouverne-*
» *ment honnête est toujours compris lors-*
» *qu'il s'adresse à une assemblée d'honnêtes*
» *gens.* »

Et plus loin :

« Maintenant, nous fallait-il, pour atteiu-
» dre le but que nous poursuivons, revenir
» d'une manière complète sur le passé, et,
» en ce temps où le Trésor a tant besoin
» que ses moindres intérêts soient ména-
» gés, pouvions-nous songer à restituer
» aux anciens propriétaires, non-seulement
» les biens restés jusqu'ici en possession
» de l'État, *mais encore la valeur de ceux*
» *qui ont été aliénés et dont le prix a été*
» *acquitté?*

» LE DÉSINTÉRESSEMENT DES AYANTS-
» DROIT A DEVANCÉ, A CET ÉGARD, NOTRE
» DÉCISION.

» Le projet de loi qui vous est soumis
» *se borne à ordonner la restitution de*
» *tous les biens demeurés sous la main du*
» *domaine ; et il doit être formellement*

1*

» *entendu que ces biens ne retourneront à*
» *leurs propriétaires que grevés des char-*
» *ges de toute nature auxquelles ils se*
» *trouveront soumis, au moment de leur*
» *restitution.* Le sacrifice, si tant est que
» cette expression puisse être employée
» dans la circonstance, NE S'ÉTENDRA DONC
» PAS A UN REMBOURSEMENT QUELCONQUE
» AUX INTÉRESSÉS. CES DERNIERS RENON-
» CENT A EXERCER AUCUNE RÉPÉTITION
» CONTRE L'ÉTAT. »

Est-ce clair cela ? est-ce topique ?

En présence de textes comme ceux-là,
n'est-ce pas méconnaître la vérité la plus
évidente que de vouloir représenter la restitution proposée par le gouvernement de
M. Thiers lui-même comme une libéralité
faite avec l'argent de la France ? De l'argent ! *C'est M. Thiers qui le dit,* il n'y en
a pas un centime à rembourser aux
Princes !

La restitution de leurs biens, ils avaient,
comme tout citoyen français, en vertu du
droit commun, le droit rigoureux de l'ob-

tenir intégrale ! Mais, voulant supporter, eux aussi, leur part des sacrifices imposés à la Patrie malheureuse, ils devancent, *dans leur désintéressement, les désirs de M. Thiers et de l'Assemblée nationale ;* ILS FONT LE GÉNÉREUX ABANDON DE TOUT CE QUI A ÉTÉ VENDU DE LEUR PATRIMOINE ET DONT LE PRIX EST ENTRÉ DANS LES CAISSES DE L'ÉTAT ! où sont donc les vampires ? où est l'extorsion, si ce n'est dans l'imagination des insulteurs de parti pris, des inventeurs de cette fable aussi odieuse qu'absurde ?

Mais poursuivons l'examen des textes, rien que des textes.

Le projet présenté par le gouvernement est soumis au contrôle d'une commission de quinze membres où figurent, entre autres, MM. Marcel Barthe, Albert Grévy, le colonel Denfert-Rochereau.

Après une minutieuse et longue étude, le rapporteur, M. Robert de Massy, un républicain qui siège actuellement au Sénat, dépose son volumineux travail à la séance du 9 mars 1872.

Laissons-le parler :

« Messieurs, dit-il en commençant, le
» Président de la République a nettement
» précisé le caractère et la portée du projet
» relatif aux biens de la famille d'Orléans,
» en déclarant, dans l'exposé des motifs,
» que ce projet, étranger à toute préoccu-
» pation politique, n'est qu'un hommage
» rendu au droit fondamental de la pro-
» priété individuelle et l'œuvre d'un gou-
» vernement honnête s'adressant à une
» assemblée d'honnêtes gens.

» C'est en lui conservant ce caractère et
» cette portée que l'Assemblée l'a accueilli,
» lors de sa présentation, *par de générales
» sympathies*. Votre commission, nommée
» à la suite de discussions qui n'ont signalé
» que des points de vue divers DANS UN
» SEUL ET MÊME SENTIMENT, vous en
» demande l'adoption. »

Puis, le rapporteur continue, en précisant
la nature et le but du décret de confiscation
de 1852 :

« Ce décret pouvait-il se justifier ? S'il

» n'a été que la violation des principes les
» plus nécessaires à la conservation de
» l'ordre social, l'Assemblée doit-elle en
» réparer les conséquences ? Dans quelle
» mesure le doit-elle faire ? »

Et, discutant ce dernier point, il s'exprime en ces termes :

« *Nous n'avons pas eu à nous demander,*
» *en nous inspirant des règles du droit*
» *civil et de ce principe de* PROBITÉ VULGAIRE *qui ne permet pas de s'enrichir*
» *aux dépens d'autrui, si par la vente des*
» *biens de la famille d'Orléans, le domaine*
» *public est affranchi de la restitution des*
» *prix qu'il a encaissés.* Telle n'est pas la
» question qui nous est posée.

» Il existe aujourd'hui 51 descendants
» directs du roi Louis-Philippe, dont les
» fortunes sont sans doute inégales et
» diverses ; AUCUN D'ENTRE EUX, *c'est jus-*
» *tice, Messieurs, de le dire à leur honneur,*
» *n'a adressé une demande, soit au Gou-*
» *vernement, soit à l'Assemblée.* Vous vous
» rappelez qu'à la séance du 15 septembre

» dernier, un de nos honorables collègues,
» M. le comte de Mérode, demanda dans la
» discussion du budget rectificatif, que
» l'Assemblée, au nom de la justice et de
» la probité, n'autorisât pas au profit du
» Trésor une recette ayant pour origine le
» décret du 22 janvier 1852. A cette
» demande, *le ministre des finances répon-*
» *dit que le Gouvernement* préparait le
» projet qu'il a présenté peu de temps
» après à l'Assemblée ; ce *projet vous pro-*
» *pose uniquement et exclusivement* la
» RESTITUTION DES BIENS NON ALIÉNÉS
» JUSQU'A CE JOUR. Telle est l'origine et la
» portée de la question qui vous est sou-
» mise. »

» Il a semblé à votre commission que,
» renfermée dans ces limites, *la répara-*
» *tion offerte ne pouvait susciter aucune*
» *controverse. Ce qui vous est proposé, c'est*
» PUREMENT ET SIMPLEMENT DE RENDRE A
» AUTRUI CE QUI APPARTIENT A AUTRUI, DE
» NE PAS CONSERVER DANS LES MAINS DE
» L'ÉTAT CE QUI N'A JAMAIS ÉTÉ A L'ÉTAT,

» SANS NÉANMOINS METTRE A LA CHARGE
» DE LA FRANCE ÉPUISÉE LA RÉPARATION
» ENTIÈRE D'UN ACTE QU'ELLE RÉPUDIE.

» Qu'on le comprenne bien : Il ne s'agit
» pas *d'indemniser* la famille d'Orléans
» d'une spoliation ; IL S'AGIT DE DÉLAISSER
» CE QUI EST A ELLE, NON DE LUI FOURNIR
» L'ÉQUIVALENT DE CE QUI A ÉTÉ CONSOMMÉ
» ET DISSIPÉ. »

Et plus loin :

» Les articles 3 et 4 du projet de loi
» nous apprennent qu'AVEC UNE SPON-
» TANÉITÉ A LAQUELLE IL EST JUSTE DE
» RENDRE HOMMAGE, LES PRINCES ONT
» D'AVANCE PROTESTÉ CONTRE LA PENSÉE
» SOIT D'UNE REVENDICATION DE LEURS
» BIENS CONTRE LES ACQUÉREURS AUXQUELS
» LE DOMAINE DOIT GARANTIE, SOIT D'UNE
» RÉPÉTITION CONTRE L'ÉTAT POUR LES
» SOMMES DONT IL A PROFITÉ. Il y a plus :
» un membre de votre commission, dont
» le dévouement pour les princes d'Orléans
» est d'autant plus honoré de tous qu'il est
» contemporain de leur exil, *nous a déclaré*

» *en* LEUR NOM, *que les renonciations*
» OFFERTES PAR EUX *au gouvernement*
» *seraient réalisées par un acte régulier*
» *avant la discussion du projet de loi.*

» Toute l'économie de ce projet se
» résume, Messieurs, en ces quelques
» mots : *Restitution des immeubles* INVEN-
» DUS, *consolidation et sécurité pour les*
» *possesseurs de biens* ALIÉNÉS, ACCEPTA-
» TION DES FAITS ACCOMPLIS, LIBÉRATION
» DÉFINITIVE *de l'État vis-à-vis la famille*
» *d'Orléans.* »

Et rappelant, pour terminer, les éternels
principes qui sont à la fois l'honneur et la
garantie des citoyens, dans les nations
libres et civilisées :

« En vous livrant son travail, écrit le
» rapporteur, la commission a la convic-
» tion que vous le jugerez en vous inspi-
» rant uniquement des sentiments de
» justice et d'impartialité qui l'ont cons-
» tamment animée.

» La loi que nous vous demandons d'a-
» dopter est digne de prendre place dans

» cette grande œuvre de réparation et de
» réorganisation que nous a tracée le
» Président de la République, et que l'As-
» semblée poursuit avec le Gouvernement.

» Les excès d'un pouvoir démoralisa-
» teur, comme les entraînements des pas-
» sions les plus subversives, ont tour à
» tour troublé la conscience publique ; vous
» la raffermirez en rendant ce solennel
» hommage au grand principe de la pro-
» priété individuelle qui est l'une des bases
» essentielles de l'ordre social, et en
» témoignant en même temps de votre
» inébranlable volonté de substituer, PAR-
» TOUT ET AU PROFIT DE TOUS, A LA DUPLI-
» CITÉ LA DROITURE, A L'ABUS DE LA FORCE
» LE RESPECT DU DROIT ! »

III.

Dans ce qui précède, le lecteur a pu
suivre avec nous, textes en mains, les
principaux événements qui ont précédé,

accompagné ou suivi la confiscation des biens des princes d'Orléans. Avec le rapport si lumineux de M. Robert de Massy, il a pu voir dans quelles circonstances et de quelle initiative est né le projet de restitution. Il a vu les étroites limites tracées à cette restitution elle-même par le désintéressement patriotique des princes dépossédés.

La loi vient en discussion *publique*, d'abord en *première lecture*, à la séance du 24 avril 1872, et, en *seconde lecture*, à celles des 22 et 23 novembre même année.

Dans le cours de cette discussion, le rapporteur précise encore la question de la façon la plus nette ; et il faut être vraiment aveuglé par la passion ou par l'ignorance, pour ne pas s'en rendre compte :

« *On ne vous demande pas, dit-il, de* » *rendre tout,* PUISQU'IL Y A EU DES BIENS » VENDUS POUR UNE SOMME DE 35 MILLIONS. » On demande purement et simplement » *que l'État se* DESSAISISSE DE CE QUI NE » LUI APPARTIENT PAS ET DE CE QUI EST » ENCORE ENTRE SES MAINS.

» *Tout ce qui a été réalisé et consommé,*
» quel qu'en ait été l'emploi, LE PROJET DE
» LOI NE PROPOSE PAS D'EN FAIRE L'OBJET
» D'UNE INDEMNITÉ ; ce que nous vous
» demandons, c'est que l'État se dessaisisse
» *de ce qui n'est pas à lui, c'est qu'il en*
» *remette la possession,* A CEUX AUXQUELS
» ILS ONT TOUJOURS APPARTENU. Cet acte
» de PROBITÉ et de LOYAUTÉ, nous vous le
» demandons au *nom du respect des prin-*
» *cipes les plus sacrés et de ce droit*
» *fondamental de la propriété sur lequel*
» *repose tout ordre social.*

» On a saisi les biens patrimoniaux qui
» appartenaient aux princes d'Orléans : il
» s'agit de savoir *ce qui en reste, et si*
» *l'État doit se faire en quelque sorte —*
» passez-moi l'expression — LE RECÉLEUR
» DE LA FORTUNE D'AUTRUI ! »

Et ailleurs :

« Laissez-moi vous dire seulement, en
» un mot, comment LA COMMISSION TOUT
» ENTIÈRE a eu à cœur de se tenir conti-
» nuellement, dans son travail et ses inves-

» tigations minutieuses, sur le terrain qui
» lui était tracé par le gouvernement dans
» le projet de loi lui-même. Nous n'avons
» vu qu'une QUESTION D'HONNEUR, D'HON-
» NÊTETÉ, DE PROBITÉ NATIONALE ; et pour
» tout résumer, en un mot, permettez-moi
» de vous signaler les premières phrases
» de l'exposé des motifs *du Président de*
» *la République,* nous présentant cette loi,
» il y a déjà si longtemps :

» *Cette loi, elle est l'œuvre d'un gouver-*
» *nement d'honnêtes gens, offerte à une*
» *assemblée d'honnêtes gens ! ».*

L'on passe finalement au vote. Par 614
voix contre 0, l'Assemblée nationale, pré-
sidée par M. Jules Grévy, vote l'article 1er
du projet de loi, portant abrogation du
décret du 22 janvier 1852. Les autres articles
sont ensuite adoptés sans scrutin.

Sur la demande faite le 18 décembre, par
M. Léon Say, ministre des finances (encore
un républicain), le projet vient *en troisième*
et dernière délibération à la séance du 21.

Il est voté sans discussion !

Mais, rééditant un vieux cliché qui, lui aussi, devrait être mis à la refonte, quelques récalcitrants quand même me diront peut-être :

« Tout cela n'a rien d'étonnant !

» L'Assemblée de 1871 était une Chambre *ré-ac-tion-nai-re !* » (Avec ce vilain mot là on croit avoir réponse à tout par le non moins vilain temps qui court.)

Réactionnaire, dites-vous ?

Étaient-ce donc des réactionnaires, ces républicains de vieille et de fraîche date dont les noms se trouvent mêlés à ceux de leurs adversaires politiques dans le scrutin du 23 novembre 1872 sur l'article 1er du projet d'abrogation du décret de 1852 ?

Pour ne citer que les plus connus, ce sont donc des réactionnaires MM. Bardoux, Marcel Barthe, Barthélemy Saint-Hilaire, secrétaire de M. Thiers, Bérenger !

Réactionnaires, MM. Bertauld, depuis procureur général à la cour de cassation, sous le ministère de M. Cazot ; Bethmont, premier président actuel de la cour des comptes ; le général Billot, si tristement connu par son rôle dans l'exécution de ces décrets de 1880 qui ont tant d'analogies avec ceux de 1852 !

Réactionnaire et orléaniste, M. Charles Brun, celui-là même qui tout récemment devenait ministre de la marine, par suite du refus formel de l'amiral Jauréguiberry et de tous les autres amiraux, de s'associer à un Thibaudin pour introduire dans l'armée le régime du bon plaisir ministériel, en dépouillant arbitrairement les princes d'Orléans de leurs grades !

Réactionnaire et orléaniste encore M. Duclerc, président du conseil des ministres, promoteur de cette mesure !

Réactionnaires : MM. Carnot père, Sadi-Carnot, ministre des travaux publics sous le ministère Gambetta ; Christophle, gouverneur actuel du Crédit Foncier ; Cochery, l'inamovible ministre des postes et télégraphes ; Crémieux, le garde des sceaux du gouvernement de la défense nationale !

Réactionnaire et mauvais patriote, lui

aussi, le colonel Denfert-Rochereau, le républicain de principe, le glorieux défenseur de Belfort l'invaincue !

Réactionnaires : MM. Jules Favre, le général Frébault, Goblet, l'amiral Jaurès, notre ambassadeur d'hier en Russie, Laboulaye, Langlois, Le Royer, président actuel du Sénat, Littré, Magnin, gouverneur actuel de la Banque de France, de Marcère, Henri Martin, Méline, maintenant ministre de l'agriculture et fondateur de l'ordre sérénissime du Mérite agricole, Pelletan, Ernest Picard, Ricard, Roger-Marvaise, Rousseau, naguères encore sous-secrétaire d'État aux travaux publics, Seignobos, Jules Simon, Testelin, Tirard, le ministre des finances d'à-présent, Waddington, en ce moment, ambassadeur de France à Londres !

Et pour couronner ce court et rapide extrait du relevé officiel des votes sur l'article 1er du projet de loi présenté par M. Thiers, *M. Wilson*, oui, je lis bien et j'écris *Wilson*, maintenant gendre de

M. Grévy, Président de la République, et que personne assurément n'accusera d'une tendresse excessive pour les princes d'Orléans !

Pourquoi donc ces républicains confondaient-ils ainsi leurs votes avec ceux de leurs collègues des autres parties de l'Assemblée ?

Parce qu'il s'agissait, dans la circonstance, non de politique, mais d'une simple question de vulgaire probité, tellement vulgaire que la solution s'en imposait irrésistiblement aux moins bienveillants, pour peu qu'ils eûssent conservé quelques sentiments ou même seulement quelques dehors d'honnêteté.

La légende qu'on s'efforce d'accréditer est donc fausse de tous points, matériellement fausse !

Ce qui est vrai, c'est que les princes, victimes d'une confiscation flagrante, *n'ont, à leur rentrée en France, fait aucune demande pour la faire cesser !*

Ce qui est vrai, matériellement vrai, c'est

que, lorsque l'Assemblée nationale a été saisie, dans ce but, de la pétition d'un de ses membres, *le Gouvernement de M. Thiers* n'a pas voulu encourir, par son silence, le déshonneur de paraître, suivant l'expression de M. Robert de Massy, se faire *le recéleur du bien d'autrui ! Prenant l'initiative, il a proposé une loi de restitution !*

Ce qui est vrai, et *prouvé par les témoignages irrécusables de M. Thiers lui-même et de la commission chargée d'examiner ce projet de loi,* c'est que, DEVANÇANT PATRIOTIQUEMENT *l'expression du désir du Gouvernement et de l'Assemblée nationale,* les Princes ont SPONTANÉMENT et *par un acte régulier, déclaré renoncer à la restitution* DE TOUT CE QUE L'ÉTAT AVAIT TOUCHÉ DU PRODUIT DE LA VENTE DE LA MOITIÉ DE LEUR PATRIMOINE ! Ce qui est encore vrai, par voie de conséquence, c'est *que la restitution a été seulement de l'autre moitié !* Elle s'est bornée à rendre en nature, tels quels, avec les charges dont on les avait grevés depuis dix-huit années, les biens qui restaient encore aux mains de l'État. PAS UN CENTIME DE L'ARGENT DE LA FRANCE *n'est sorti des caisses de l'État pour entrer dans la poche des Princes !* Ce sont, au contraire, *les revenus de leur patrimoine entier, pendant dix-huit ans, et les prix de vente de la moitié de ce patrimoine,* QUI SONT ENTRÉS *et* SONT RESTÉS *dans les caisses de l'État,* BÉNÉFICIAIRE AINSI D'UN VÉRITABLE DON de 40 millions ! Don vraiment royal, digne des Fils de France qui le faisaient et de la Grande Mutilée qui en était l'objet !

IV.

En sommes-nous donc venus à ce point que la République, pliant sous le poids de ses fautes et de ses excès, ne se puisse plus défendre, sans dénaturer l'histoire et recourir à la calomnie ?

On le dirait vraiment, à voir la campagne entamée depuis peu par une fraction de la presse républicaine. Notre budget en déficit et nos finances en désarroi, notre commerce, notre industrie, notre agriculture écrasés par les impôts et par la concurrence étrangère, notre sécurité intérieure menacée par les bandes anarchistes, notre dignité et notre sécurité nationales compromises à l'extérieur par des aventures lointaines, c'est la moindre préoccupation des admirateurs passionnés de la République.

Les princes d'Orléans ! voilà leur cauchemar. Et, sans souci de la vérité, sans souci même de la vraisemblance, ils en font le point de mire des injures les plus fantaisistes et parfois les plus ridicules.

Sur la foi d'un article extrait d'un journal prussien dénué de toute autorité, ne sont-ils pas allés jusqu'à les représenter comme ayant fait, auprès de l'empereur d'Allemagne, des démarches repoussées par celui-ci *à cause.... de la restitution de leurs biens ?...*

Trop de zèle ! Trop de zèle ! Qui veut trop prouver, ne prouve rien !

Qu'est-ce que cette restitution peut bien faire à l'Empereur d'Allemagne ?

Supposer que celui-ci, au moment où il se retirait laissant la France écrasée, ensanglantée par ses armées ; où lui-même frappait notre malheureux pays d'une contribution de guerre, inouïe jusqu'alors, de cinq milliards ; supposer que l'empereur d'Allemagne ait pu, dans ces conditions, concevoir un ressentiment profond contre les princes d'Orléans, ressentiment qui durerait encore aujourd'hui, après douze ans écoulés, uniquement parce que ces princes auraient repris, en entrant en France, la portion non vendue de leurs biens confisqués, cette supposition est tellement bizarre, tellement énorme dans sa bêtise, qu'elle ne se discute même pas. A quel homme de bon sens peut-on espérer faire croire à cette fable nouvelle ?

Solliciteurs de la Prusse, ces princes si patriotes, dont personne n'ignore la conduite héroïque pendant la guerre de 1870 ! Allons donc ! personne ne le croira.

Ce que l'on croira, parce que c'est la vérité historique, c'est que la République n'a cessé, le procès d'Arnim en fait foi, de jouir de la faveur de l'Allemagne. Elle a été, pour ainsi dire, tenue sur les fonts baptismaux par M. de Bismarck, auquel elle doit singulièrement plaire, en effet, par l'état de désorganisation où elle conduit la France ! Elle s'est prévalue de cette protection, en agitant constamment, contre les candidats conservateurs, le spectre de la guerre ! Elle la mendie aujourd'hui en allant chercher dans les journaux allemands des armes pour calomnier des Français !

Au cours de ce grand procès, dans lequel M. le duc d'Aumale fit preuve de talents judiciaires consommés unis aux connaissances militaires les plus hautes et les plus étendues, l'accusé, le maréchal Bazaine, avait invoqué pour sa défense des attestations du prince royal et du prince Frédéric-Charles, de Prusse.

J'entends encore la voix indignée du général Pourcet, commissaire du gouvernement, lui répondre au nom de la Patrie outragée : « Ce ne sont pas nos héros de » Gravelotte et de Saint-Privat qui iraient » ainsi chercher des certificats de civisme » auprès du général ennemi ! »

La République imite Bazaine. Elle va chercher ses certificats de civisme dans les journaux de Berlin.

ALBERT BIENVENÜE.

13 Novembre 1883.

1283. — Saint-Brieuc, Imp. L. Prud'homme.